Mein Hunde-Tagebuch

Name: _____

Rasse: _____ Fellfarbe: _____

Geburtstag: _____

Adresse: _____
_____
_____

Wenn Sie dieses Tagebuch finden, schicken Sie es bitte an die oben genannte Adresse zurück.

DANKE!

Datum:

Das haben wir heute erlebt

Datum:

Das haben wir heute erlebt

Datum:

Das haben wir heute erlebt

Datum:

Das haben wir heute erlebt

Datum:

Das haben wir heute erlebt

Datum:

Das haben wir heute erlebt

Datum:

Das haben wir heute erlebt

Datum:

Das haben wir heute erlebt

Datum:

Das haben wir heute erlebt

Datum:

Das haben wir heute erlebt

Datum:

Das haben wir heute erlebt

Datum:

Das haben wir heute erlebt

Datum:

Das haben wir heute erlebt

Datum:

Das haben wir heute erlebt

Datum:

Das haben wir heute erlebt

Datum:

Das haben wir heute erlebt

_____

_____

_____

_____

_____

_____

_____

_____

_____

_____

_____

_____

_____

_____

_____

_____

_____

Datum:

Das haben wir heute erlebt

Datum:

Das haben wir heute erlebt

Datum:

Das haben wir heute erlebt

Datum:

Das haben wir heute erlebt

Datum:

Das haben wir heute erlebt

Datum:

Das haben wir heute erlebt

Datum:

Das haben wir heute erlebt

Datum:

Das haben wir heute erlebt

Datum:

Das haben wir heute erlebt

Datum:

Das haben wir heute erlebt

Datum:

Das haben wir heute erlebt

Datum:

Das haben wir heute erlebt

Datum:

Das haben wir heute erlebt

Datum:

Das haben wir heute erlebt

Datum:

Das haben wir heute erlebt

Datum:

Das haben wir heute erlebt

Datum:

Das haben wir heute erlebt

Datum:

Das haben wir heute erlebt

Datum:

Das haben wir heute erlebt

Datum:

Das haben wir heute erlebt

Datum:

Das haben wir heute erlebt

Datum:

Das haben wir heute erlebt

_____
_____
_____
_____
_____
_____
_____
_____
_____
_____
_____
_____
_____
_____
_____
_____
_____
_____
_____
_____

Datum:

Das haben wir heute erlebt

Datum:

Das haben wir heute erlebt

Datum:

Das haben wir heute erlebt

Datum:

Das haben wir heute erlebt

Datum:

Das haben wir heute erlebt

Datum:

Das haben wir heute erlebt

Datum:

Das haben wir heute erlebt

Datum:

Das haben wir heute erlebt

Datum:

Das haben wir heute erlebt

Datum:

Das haben wir heute erlebt

Datum:

Das haben wir heute erlebt

Datum:

Das haben wir heute erlebt

Datum:

Das haben wir heute erlebt

Datum:

Das haben wir heute erlebt

Datum:

Das haben wir heute erlebt

Datum:

Das haben wir heute erlebt

Datum:

Das haben wir heute erlebt

Datum:

Das haben wir heute erlebt

_____
_____
_____
_____
_____
_____
_____
_____
_____
_____
_____
_____
_____
_____
_____
_____
_____
_____
_____
_____

Datum:

Das haben wir heute erlebt

Datum:

Das haben wir heute erlebt

Datum:

Das haben wir heute erlebt

Datum:

Das haben wir heute erlebt

Datum:

Das haben wir heute erlebt

Datum:

Das haben wir heute erlebt

Datum:

Das haben wir heute erlebt

Datum:

Das haben wir heute erlebt

Datum:

Das haben wir heute erlebt

Datum:

Das haben wir heute erlebt

Datum:

Das haben wir heute erlebt

Datum:

Das haben wir heute erlebt

Datum:

Das haben wir heute erlebt

Datum:

Das haben wir heute erlebt

Datum:

Das haben wir heute erlebt

Datum:

Das haben wir heute erlebt

Datum:

Das haben wir heute erlebt

Datum:

Das haben wir heute erlebt

Datum:

Das haben wir heute erlebt

Datum:

Das haben wir heute erlebt

Datum:

Das haben wir heute erlebt

Datum:

Das haben wir heute erlebt

Datum:

Das haben wir heute erlebt

Datum:

Das haben wir heute erlebt

Datum:

Das haben wir heute erlebt

Datum:

Das haben wir heute erlebt

Datum:

Das haben wir heute erlebt

Datum:

Das haben wir heute erlebt

Datum:

Das haben wir heute erlebt

Datum:

Das haben wir heute erlebt

Datum:

Das haben wir heute erlebt

Datum:

Das haben wir heute erlebt

Datum:

Das haben wir heute erlebt

Datum:

Das haben wir heute erlebt

Datum:

Das haben wir heute erlebt

Datum:

Das haben wir heute erlebt

Datum:

Das haben wir heute erlebt

Datum:

Das haben wir heute erlebt

Datum:

Das haben wir heute erlebt

Datum:

Das haben wir heute erlebt

Datum:

Das haben wir heute erlebt

Datum:

Das haben wir heute erlebt

Datum:

Das haben wir heute erlebt

Datum:

Das haben wir heute erlebt

Datum:

Das haben wir heute erlebt

Datum:

Das haben wir heute erlebt

Datum:

Das haben wir heute erlebt

Datum:

Das haben wir heute erlebt

Datum:

Das haben wir heute erlebt

Datum:

Das haben wir heute erlebt

Datum:

Das haben wir heute erlebt

Datum:

Das haben wir heute erlebt

© 2019 Marcel Drenkwitz
1.Auflage
Alle Rechte vorbehalten.
Veröffentlicht von: Marcel Drenkwitz
Independently published
Kontakt: Marcel Drenkwitz, Okerstraße 40b, 38527 Meine
E-Mail: tengel-holding@web.de
Covergestaltung: Marcel Drenkwitz

Printed in Poland
by Amazon Fulfillment
Poland Sp. z o.o., Wrocław